Die 12 Pfade zum Frieden

Entwürfe für die Zukunft – Band 28

Kontakt: www.HarryEilenstein.de
Harry.Eilenstein@web.de
Harry Eilenstein bei youtube

Verlag: BoD · Books on Demand GmbH, Überseering 33, 22297 Hamburg, bod@bod.de
Druck: Libri Plureos GmbH, Friedensallee 273, 22763 Hamburg

ISBN: 978-3-8192-9503-4

Inhaltsübersicht

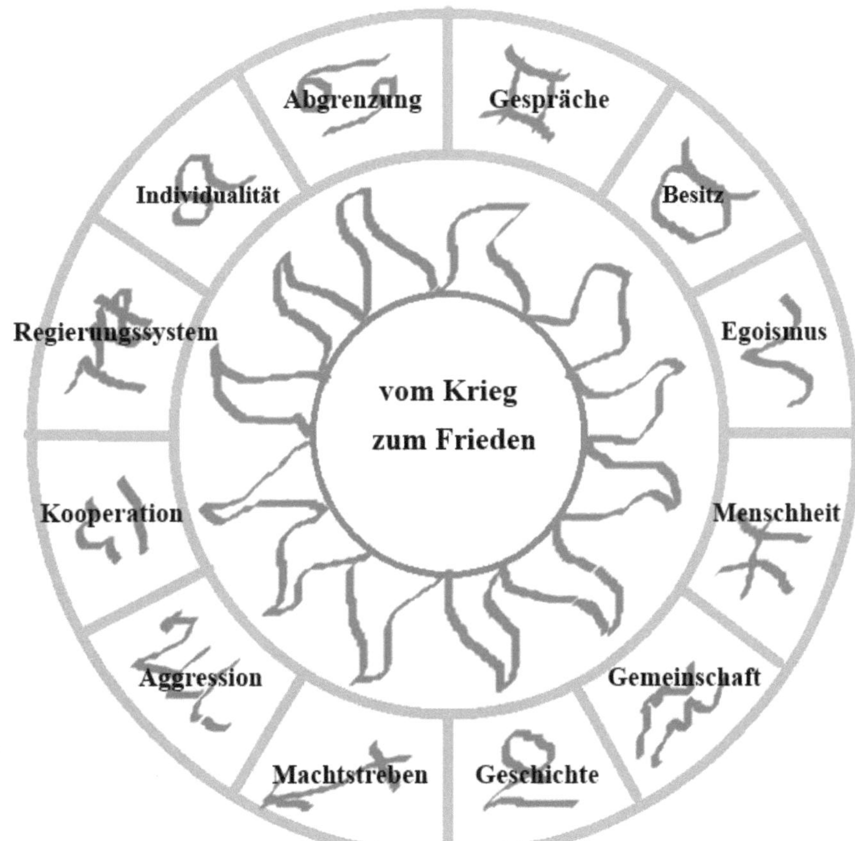

Warum 12?

Alle Bücher dieser Reihe haben genau 12 Kapitel – was sich ja auch in den Titeln dieser Bücher widerspiegelt. Warum?

In diesen Büchern wird der Tierkreis als Matrix von 12 verschiedenen Sichtweisen auf die Welt verwendet, um das Thema des Buches möglichst umfassend in 12 Kapiteln zu betrachten. Dadurch wird eine ausgewogenere, umfassendere und tiefere Einsicht in das jeweilige Thema erlangt als es ohne ein solches Raster, ohne eine solche Matrix möglich wäre.

Der Tierkreis wird in dieser Buch-Reihe als Forschungs-Hilfsmittel benutzt, durch das die Einseitigkeiten in der Betrachtung zumindest vermindert werden können. Weiterhin werden durch dieses Vorgehen diese 12 Sichtweisen auch als Ergänzungen zueinander, als organische Teile eines Ganzen deutlich.

Die Inspiration zu diesem Vorgehen stammt aus Hermann Hesses Roman „Das Glasperlenspiel", für das er 1946 den Literatur-Nobelpreis erhielt. In diesem Roman beschreibt er die öffentlichen Darstellungen von Übersichten und Gesamtbetrachtungen, die mithilfe von verschiedenen allgemeinen Strukturen wie z.B. dem Ba Gua aus dem chinesischen Feng-Shui angefertigt und aufgeführt werden.

Diese Buch-Reihe ist ein Versuch, Hesse's Idee im ganz Kleinen konkret zu verwirklichen.

Die Blickwinkel der 12 Tierkreiszeichen sind:

♈	Widder:	Spontaner
♉	Stier:	Genießer
♊	Zwilling:	Neugieriger
♋	Krebs:	Familienmensch
♌	Löwe:	Egozentriker
♍	Jungfrau:	Handwerker
♎	Waage:	Schöngeist
♏	Skorpion:	Tiefgründiger
♐	Schütze:	Idealist
♑	Steinbock:	Realist
♒	Wassermann:	Theoretiker
♓	Fische:	Träumer

1. Egoismus

♈

Was ist die Grundlage für Aggression? Natürlich ist es der Streit, die verschiedenen Meinungen, die Wut, der Neid – aber was ist die tiefste Wurzel der Aggression?

Die Aggression, das Kämpfen, das Siegenwollen ist ein Aspekt der Selbst-erhaltung, also des fundamentalen Egoismus. Was nicht die Fähigkeit zur Selbsterhaltung hat, wird sich nicht selbst erhalten können und zu existieren aufhören. Daher ist der Egoismus nicht nur eine unvermeidbare, sondern sogar eine notwendige Eigenschaft von allem, was existiert – einschließlich des Menschen. Und in Konkurrenz-Situationen wird dieser Egoismus schnell zu Streit.

Es ist auch auffällig, wie selten Demokratien Kriege beginnen – es sind in der Regel autokratische Herrscher oder Diktatoren, die einen Krieg anfangen. Demokratien mit einer starken Stellung des Präsidenten wie in den USA oder in Frankreich stehen in der Häufigkeit der Kriegseröffnung zwischen Diktatoren und Demokratien. Die Demokratie mit ihrer Ausrichtung auf die Gemeinschaft, den Konsens und die Solidarität ist also friedlicher als die Diktatur mit ihrer Ausrichtung auf den Diktator, die Macht und den Egoismus.

Der fundamentale Egoismus und die sich von ihm ableitende Selbsterhaltung sind natürlich etwas, das man niemandem vorwerfen kann – selbst die Rechtsprechung gesteht jedem die Selbstverteidigung, also das Handeln aus Notwehr zu. In derselben Weise wird jedem Volk die Verteidigung gegen einen angreifenden Staat zugestanden.

Da der Verteidiger in der öffentlichen Meinung eine weitaus bessere Stellung hat als der Angreifer, strebt jeder in einen Krieg verwickelte Staatsführer stets danach, sich als den Verteidiger und den anderen als den Angreifer darzustellen – als „wir sind die Guten" und „die anderen sind die Bösen".

Dieses Vorgehen ist sowohl nach innen auf die eigene Bevölkerung hin als auch nach außen zu den anderen Staaten hin wichtig. Wenn Putin seinen Angriff auf die Ukraine nicht nach innen hin als einen Kampf gegen das „Nazi-Regime" in der Ukraine und als eine notwendige Fortführung des Zweiten Weltkrieges darstellen würde – und dies nicht sogar in den Schulbüchern so verankern ließe – wäre die Bevölkerung Russlands gegen diesen Krieg. Andererseits ist dieser Krieg so offensichtlich ein russischer Angriffskrieg, dass die Staatengemeinschaft zu der Ukraine hält und sie unterstützt.

Diejenigen, die prinzipiell gegen Krieg sind, haben zwar recht, aber auch ein großes Problem. Wehrdienstverweigerer in der BRD haben oft den Satz „Es lohnt sich dafür zu kämpfen, nicht kämpfen zu müssen. " zu hören bekommen. Damit war gemeint, dass es sich lohnt, die BRD mit der Waffe in der Hand zu verteidigen, weil in der BRD niemand gezwungen werden darf, als Soldat zu dienen.

Das ist gegenüber einem Pazifisten eine zwar fast schon zynische Aussage, aber sie hat leider auch einen wahren Kern. Was soll man tun – individuell und kollektiv – wenn man angegriffen wird und im drastischsten Fall Sklaverei oder Tod drohen? Die klassische Argumentation der Wehrdienstverweigerer war (mich einbeschlossen) war, dass man die Ursachen der Kriege – also vor allem die materielle Not – auflösen muss bevor überhaupt ein Krieg ausbricht. Das ist zwar auch wieder richtig, aber es ist fraglich, ob das ausreicht.

Schließlich gibt es nicht nur Kriege, die aus einer materiellen Not heraus begonnen werden, sondern auch Kriege, deren Ursache konkurrierende Weltanschauungen, Wirtschaftssysteme und Religionen sind – oder ganz einfach der Machthunger des Staatsführers.

Das Bestreben, durch die Auflösung ihrer materiellen Ursachen alle Kriege zu verhindern, wird folglich die Anzahl der Kriege zwar reduzieren, aber nicht vollständig verhindern können.

Was tun?

Es liegt nahe, das Waffenarsenal der Staaten drastisch zu reduzieren, aber ein restloser Abbau aller Waffen würde es einem aggressiven Staat, der heimlich aufgerüstet hat, leicht machen, im Extremfall zum Weltherrscher zu werden.

Die Abschaffung der Wehrpflicht ist ein Schritt, der den Pazifisten entgegenkommt, aber der das Problem des Krieges leider nur dann lösen würde, wenn alle Menschen

Pazifisten werden würden. Dazu gab es auch mal einen Spruch: „Stell Dir vor, es ist Krieg, und keiner geht hin …" Leider sind wir kollektiv noch nicht so weit, dass sich alle Menschen geschlossen weigern würden, in den Krieg zu ziehen.

Ein anderer Ansatz zur Lösung dieses Problems findet sich bei den Buddhisten – in den tibetischen Klöstern und in China in den Shaolin-Klöstern. In den tibetischen Klöstern wird die Verteidigung mit Stöcken gelehrt und in den Shaolin-Klöstern die Verteidigung mit Hand und Fuß. In beiden Fällen können sich die Buddhisten trotz ihrer Friedfertigkeit verteidigen, aber fügen dem Angreifer keinen dauerhaften Schaden zu. Leider funktioniert diese Methode nur im Nahkampf gegen einen Einzelnen, der zudem keine Schusswaffe benutzt. Gegen Schusswaffen, gegen ein Heer oder gar ein Flugzeug, das eine Bombe fallen lässt, ist diese Methode ungeeignet.

Schließlich gibt es noch die Christus-Methode: „Wenn Dich jemand auf Deine rechte Backe schlägt, halte ihm auch noch die andere hin." In der Begegnung mit einem einzelnen Aggressor funktioniert diese Methode – man kann einen Angreifer dadurch völlig Verwirrung und wieder zur Besinnung bringen, indem man nach dem ersten Schlag einfach ruhig stehen bleibt und den Angreifer gelassen anschaut – das beruht auf eigener Erfahrung. Gegen eine Gruppe von Angreifern ist die Methode schon weitaus schwieriger durchzuführen und bei Kämpfen zwischen zwei Gruppen oder in einem Krieg ist sie fast aussichtslos.

Allerdings hat z.B. der zypriotische Heiler Daskalos während der Zypern-Krise, als 1974 die türkische Armee Zypern erobern wollte, in der Hauptstadt Nikosia, in der er für die Verteidigung eines Stadtteils zuständig war, mit dem türkischen Anführer in diesem Stadtteil einen eigenmächtigen Waffenstillstand abgeschlossen, sodass in diesem Teil der zypriotischen Hauptstadt kein einziger Mensch in diesem Krieg gestorben ist.

Es ist allerdings fraglich, dass dieses Verfahren überall angewendet werden kann, da dafür zwei Heerführer notwendig sind, die sehr eigenständig und couragiert sind und denen die Menschenleben deutlich wichtiger als die Befehle ihrer Vorgesetzten sind.

Ist das Vermeiden von Kriegen somit weitgehend aussichtslos?

Nicht ganz. Da die Kriege auf Aggression beruhen und die Aggression letztlich ein Ausdruck des Egoismus sind, der das eigene Überleben sichert, kann man diesen Egoismus als Ansatz für die Friedenssicherung benutzen.

Da ein Krieg immer auch den Tod von vielen Menschen bedeutet, muss jeder Heerführer den von ihm geführten Krieg als eine überlebensnotwendige Form der Selbstverteidigung darstellen. Gegen eine solche Indoktrination hilft eine möglichst gute Informiertheit, das Gespräch mit anderen und letztlich ein weitsichtiger Egoismus, der die wirklichen Ursachen und Folgen eines drohenden Krieges erkennt. Langfristiger Egoismus meidet Krieg …

Diese Möglichkeit ist auch den Heerführern bewusst. Daher werden Befehlsverweigerer und Fahnenflüchtige, also Deserteure meist standrechtlich, d.h. nach Militärrecht verurteilt – was in vielen Fällen den Tod bedeutet.

Es gibt beim Militär durch aus auch die Ansicht, dass die Soldaten, um immer zu gehorchen, den eigenen Vorgesetzten mehr fürchten müssen als den Feind.

Der Krieg ist eine existentielle Bedrohung – und die Gegenwehr gegen das Entstehen eines Krieges wird in den meisten Fällen genauso existentiell sein …

Diejenigen, die einen Krieg führen wollen, streben als erstes immer danach, das eigene Heer folgsam zu machen – denn warum sollte man sein eigenes Leben im Krieg für die Ziele irgendeines Staatsführers opfern?

2. Besitz

Es ist allgemein bekannt, dass ein zu großer Unterschied zwischen Armut und Reichtum Unruhen hervorruft, dass dann die Armen letztlich einen Aufstand beginnen. Beispiele sind dafür die Französische Revolution, die sich auch gegen den Reichtum der Könige richtete, die Aufstände der Arbeiter gegen die Unternehmer gegen Ende der Industrialisierung, ein Teil der heutigen Migration – dafür gibt es viele Beispiele. Dieser Konflikt zwischen verschiedenen sozialen Schichten ist das, was früher als „Klassenkampf" bezeichnet worden ist und was die Hauptursache für die meisten Bürgerkriege gewesen ist.

Es liegt also im Eigeninteresse der Reichen, den Abstand zwischen Arm und Reich nicht zu groß werden zu lassen, da die Reichen sonst Gefahr laufen, ihren Reichtum durch einen Bürgerkrieg zu verlieren.

So lange solche Ungleichheiten nicht zu groß sind und nur sehr wenige betreffen, wird nicht viel geschehen, doch wenn Staatsoberhäupter nach mehr Land streben (wie derzeit Putin), nach der Eroberung von Gebieten mit reichen Bodenschätzen (wie während der Kolonialzeit), oder nach der Absicherung des Zugangs zu wichtigen Ressourcen (wie während des Irakkrieges der USA), dann kommt es zu Kriegen um den Besitz von Land.

Derartige Interessenkonflikte, deren Thema die Erhaltung oder die Steigerung des Wohlstandes des eigenen Landes oder der Reichen in diesem Land ist, sind die Ursachen vieler Kriege. Man könnte sie wohlmeinend noch als den kollektiven Egoismus eines Landes ansehen, doch bei genauerer Betrachtung sie doch eher eine Folge des Egoismus der Reichsten eines Landes.

Hier liegt ein größeres Problem. Wer wird reich? Vor allem diejenigen, die all ihre Energie in das Erlangen von Reichtum stecken. Wer wird das tun? Vor allem diejenigen, die eine tiefsitzende Angst vor der Armut haben – sie werden auch den größten Neid und die größte Gier entwickeln. Es sind oft auch die Reichen und nicht der Mittelstand, der die größte Angst vor Armut hat.

Daher ist es eine kollektive Notwendigkeit, den Mangel als Grundlebensgefühl, unter dem viele Menschen leiden, zu heilen.

Insbesondere bei Kriegen zwischen Staaten, bei dem der eine Staat Teile des anderen Staates für sich beansprucht, wird häufig die Gerechtigkeit als Kriegsgrund angeführt. Dafür sollen die „ursprünglichen Grenzen", die es einst vor einem früheren Krieg gegeben hat, wiederhergestellt werden. Die betreffenden Gebiete hat der andere Staat „geraubt" und sich „widerrechtlich" einverleibt. Der Krieg soll also nur die „natürliche Ordnung" wiederherstellen.

Diese Sicht ist allerdings sehr willkürlich. Wie oft hat ein Ort schon zu verschiedenen Staaten gehört? Zur BRD, davor zu Frankreich, davor zu Belgien, davor zum Karolingerreich, davor zum römischen Reich, davor zu einem germanischen Fürstentum, davor zu zum Reich eines Keltenfürsten, davor zu dem Reich eines Fürsten der Megalithkultur. Was ist hier „ursprünglich" oder gar „natürlich"?

Diese revisionistische Sicht, die stets von einem früheren, größeren Reich träumt, hat nur die eigene Macht im Blick, aber nicht das Wohlergehen der Menschen in den beiden betroffenen Ländern.

Wer strebt nach Macht? Jemand der Angst hat – und Menschen, deren Grundlebensgefühl Angst ist, werden entweder zu Tätern oder zu Opfern.

Daher ist es eine kollektive Notwendigkeit, auch die Angst als Grundlebensgefühl, unter dem viele Menschen leiden, zu heilen.

Eine weitere Möglichkeit ist der Größenwahn eines Staatsführers, die sich des öfteren beobachten lässt – von Alexander dem Großen und Cäsar über Hitler und Mussolini bis hin zu Putin und Trump. Hier ist das zugrundeliegende Gefühl der Selbstzweifel, der die innere Selbstgewissheit und Selbstliebe durch äußere Größe und Ruhm ersetzen will. Selbstzweifel zeigen sich entweder als Schüchternheit oder als

Angeberei. Der Narzissmus ist bei den Staatsoberhäuptern, die sich selber in die Mitte stellen, die sich für den Größten halten und die dafür bereit sind, die Armen weiter verhungern zu lassen und die Soldaten sterben zu lassen, wirklich nicht schwer zu erkennen.

Daher ist es eine kollektive Notwendigkeit, als drittes neben Mangel und Angst auch noch die Selbstzweifel als Grundlebensgefühl, unter dem viele Menschen leiden, zu heilen.

In der Regel werden diese drei Gefühle entweder gemeinsam als Sucht, Aggression und Angeberei auftreten oder als deren Gegenpol, der aus Verzicht, Flucht und Schüchternheit besteht.

Wenn diese Gefühle in einem Staat oder in einer Kultur weit verbreitet sind, können Zielkonflikte und Interessengegensätze schnell zu gewaltsamen Auseinandersetzungen bis hin zu Kriegen führen, da dann nicht genügend Menschen in der Lage sind, gelassen in sich ruhend die Lage zu betrachten und nach vernünftigen und sinnvollen Lösungen zu suchen.

Wenn es genügend Menschen gibt, die in innerer Fülle, Kraft und Selbstliebe verankert sind, haben sie eine Chance, die Kriegsbestrebungen von denen, die in Mangel, Angst und Selbstzweifeln gefangen sind, zu bremsen und den Krieg zu verhindern.

Leider sind unsere Kulturen derzeit noch nicht so weit.

Generell kann man natürlich auch den Standpunkt vertreten, dass die gleichmäßigere Verteilung des Wohlstandes und die Reduzierung der Militärausgaben sowie ihre Verwendung zur Behebung der eigentlichen Kriegsursachen der beste Weg ist.

Das ist zwar eine durchaus sinnvolle Maßnahme, aber sie alleine wird wahrscheinlich nicht den Frieden sichern können. Dazu muss noch die Heilung der individuellen Probleme der Menschen kommen, die dazu führt, dass sie Kriege beginnen.

Ein Aspekt der Kriege, der oft nicht beachtet wird, sind die Kosten eines Krieges und auch schon der Aufrüstung zur Vermeidung eines Krieges: die Toten, die zerstörten Häuser, Straßen und Brücken, das Geld für die Waffen, die Arbeitszeit, die auf die Aufrüstung verwendet wird, die Lebenszeit, die in Angst verbracht wird, die Rachegefühle, die noch jahrzehntelang nach einem Krieg weiterbestehen, die psychischen

Probleme vieler Soldaten, die im Krieg getötet haben. Diese Liste ließe sich noch lange fortführen.

Bereits die Militärstrategen im Alten China haben schon vor über 2.000 Jahren erkannt, dass der einzige Krieg, der sich überhaupt lohnt, der ist, bei dem ein schneller Sieg errungen wird, die Städte des Feindes unversehrt bleiben und die Bevölkerung geschont wird. Doch welcher Krieg entspricht schon dieser ökonomischen Abwägung, wann sich ein Krieg rentiert und wann nicht?

Man wird in den Geschichtsbüchern lange nach solch einem Krieg suchen müssen …

Es ist also ausgesprochen unvernünftig, wenn man zur Vermehrung des eigenen Wohlstandes einen Krieg beginnt – es sei denn, man selber sitzt sicher daheim und kassiert den Gewinn und lässt die Bevölkerung die Kosten tragen.

Es ist daher nicht verwunderlich, dass Kriege nicht von der Gesamtbevölkerung gewollt, sondern stets von den Herrschenden befohlen werden. Es drängt sich der berechtigte Anfangsverdacht auf, dass die bisherigen Regierungsformen, in denen so etwas möglich ist, noch nicht das sind, was wir eigentlich brauchen, um in Frieden leben zu können.

3. Gespräche

♊

Was haben Gespräche mit den Kriegen und dem Frieden zu tun?

Es gibt mindestens zwei grundsätzlich verschiedene Arten von Gesprächen: die „Friedens-Gespräche" und die „Kriegs-Gespräche".

Bei den friedlichen Gesprächen steht man sozusagen nebeneinander und betrachtet eine Sache und versucht sie gemeinsam zu verstehen. Bei dieser Art von Gesprächen geht es um Forschung, um Begreifen, um Wahrheitsfindung, weshalb beide so gut und genau wie möglich das beschreiben, was sie sehen. Das ist die Art von Gespräch, die Freunde und Wissenschaftler miteinander führen – in ihnen geht es um Erkenntnis. Das sind die typischen Gespräche zwischen Menschen, die in Fülle, Kraft und Selbstliebe ruhen.

Bei den kriegerischen Gesprächen steht man sich hingegen gegenüber und hat ein Ziel, das man durch Worte zu erreichen versucht. Dabei geht es darum, dass man durch die eigenen Worte in dem anderen ein Bild erzeugt, das dazu führt, dass der andere genau das tut, was der Sprecher will. Das ist die Art von Gesprächen, die Politiker, Diplomaten, Heerführer, Intriganten und ähnliche führen – in ihnen geht um die Lenkung des anderen. Das sind die typischen Gespräche zwischen Menschen, die von Mangel, Angst und Selbstzweifeln getrieben werden.

Offensichtlich ist das dominante Täuschen des anderen ein wesentliches Element des Krieges: Man muss dem eigenen Heer suggerieren, dass es die eigene Freiheit und das Leben von allen, die den Soldaten wichtig sind, verteidigt. Wenn dies nicht gelingt, werden die Soldaten nicht wirklich kämpfen wollen.

Weiterhin muss das feindliche Heer ständig getäuscht werden, damit es sich so verhält, dass es in eine Falle läuft und besiegt werden kann. Zudem muss die eigene Überlegenheit vorgetäuscht werden, damit das feindliche Heer den Mut verliert und kapituliert. Man kann auch durch Fake-News dafür sorgen, dass in einem Staat, der mit dem feindlichen Land verbündet ist, jemand zum Präsidenten gewählt wird, der diese Unterstützung des Gegners beendet, so dass man leichter siegen kann.

Die Informations-Kriegsführung hat viele Seiten: Spione, Hacker, Desinformation, Propaganda, Bücherverbrennungen, Berufsverbote für Menschen mit anderen Ansichten, Menschen mit anderen Meinungen als feindliche Agenten verhaften lassen, Beeinflussung von Massenmedien, Erpressung … Hier gibt es für den kreativen Kopf fast unbegrenzte Möglichkeiten.

Andererseits kann ein kühler Kopf auch Katastrophen verhindern. Für diesen Zweck gibt es Diplomaten und für die Extremfälle das „Rote Telefon" zwischen den USA und Russland, durch das ein drohender Atomkrieg zwischen den beiden größten Atommächten durch ein direktes Telefonat zwischen dem Präsidenten der USA und dem Präsidenten der Russischen Föderation noch im letzten Augenblick verhindert werden könnte.

Es hat bereits mehrere solcher beinahe-Atomkriege gegeben:

- Am 5.10. 1960 wurde den USA durch einen Computerfehler in einer Radaranlage ein Angriff von sowjetischen Raketen über Grönland gemeldet, der gerade noch als Irrtum erkannt werden konnte.

- Am 23.5.1967 fielen gleichzeitig drei arktische Radaranlagen des US-Frühwarnsystems aus, was zunächst für eine Sabotageaktion der UdSSR gehalten wurde, die auf einen direkt bevorstehenden Angriff hinwies.

- Am 9.11.1979 löste ein Übungstonband, das versehentlich auf den Lautsprechern des Kontrollraums erklang, beinahe einen Atomkrieg aus.

- Am 3.6.1980 zeigte ein Computer den Angriff von 200 sowjetischen Raketen an, der jedoch nicht durch die Frühwarnsatelliten bestätigt wurde. Drei Tage später, am 12.11.1979, wiederholte sich der Vorgang. Die Ursache war ein defekter Computerchip.

- Am 26.9.1983 wurde in der UdSSR ein Alarm ausgelöst, da ein Satellit Sonnenstrahlen für die Flammen des Raketenantriebs gehalten hat. Der zuständige Offizier gab den Alarm nur deshalb nicht an seine Vorgesetzten weiter, weil er es für unwahrscheinlich hielt, nur mit 5 statt 5400 Raketen angegriffen zu werden.

- Vom 7. bis 11.11.1983 wurde ein NATO-Manöver von der UdSSR als tatsächlicher Angriff eingeschätzt. Dieser Vorfall führte letztlich zu dem Ende des Kalten Krieges, da alle eingesehen hatten, dass die Gefahr eines versehentlich begonnen Atomkrieges einfach viel zu groß war.

- Am 10.1.1884 wurde durch einen Computerfehler beinahe eine Minuteman-Rakete gestartet, die noch gerade durch die Blockade des Raketensilos verhindert werden konnte.

- Am 25.1.1995 hielten die Radartechniker der UdSSR eine norwegisch-amerikanische Rakete, die der Beobachtung des Wetters von der Stratosphäre aus dienen sollte, für eine Trident-Atomrakete. Boris Jelzin hatte bereits die Verbindungen zu seinen höchstens Mitarbeitern aktiviert, als der Irrtum deutlich wurde.

- Alleine zwischen 1950 und 1968 hat es 1200 solcher mehr oder weniger ernster Vorfälle gegeben. In den meisten dieser Fälle musste die richtige Entscheidung in weniger als 10 Minuten getroffen werden …

Es ist offensichtlich, wie wichtig der Dialog zwischen den Staaten geworden ist, seit es Atombomben gibt. Die Abrüstungs-Gespräche – die zur Zeit leider ausgesetzt worden sind – sind eine existentiell wichtige Grundlage nicht nur für den Frieden auf der Erde, sondern für das Überleben allen Lebens auf der Erde. Schließlich könnten die heute existierenden Atombomben die gesamte Erdoberfläche zu Glas zerschmelzen und was dabei mit der Erd-Atmosphäre geschehen würde, ist möglicherweise noch gar nicht gründlich untersucht worden. Die hohe Radioaktivität würde alles Leben, das möglicherweise tief in den Ozeanen überlebt hätte, sehr schnell ebenfalls töten.

Die Zerstörungskraft der Atombomben gleicht heute 2500-mal der gesamten Zerstörung, die im Zweiten Weltkrieg angerichtet worden ist. 1985 war sie vor dem Beginn der Abrüstung sogar 6000-mal so groß.

Es ist offensichtlich, dass alle Foren, in denen wie in der UNO zwischenstaatliche Gespräche stattfinden, die einen Atomkrieg verhindern könnten, existentiell wichtig sind. Auch Zusammenschlüsse von Staaten wie die EU oder die NATO haben dazu geführt, dass zwischen den beteiligten Staaten keine Kriege mehr ausgebrochen sind.

Es gibt – auch wenn die heutige Lage noch immer alles andere als sicher ist – trotzdem Hoffnung, dass es weitere produktive Friedens-Gespräche und Friedens-Projekte geben wird.

Es ist auch nicht nur das Vorhandensein derart zerstörerischer Waffen eine große Gefahr, sondern bereits die Entwicklung solcher Waffen. Als Robert Oppenheimer mit seinen Kollegen am 16. Juli 1945 in New Mexico bei ihren Experimenten die erste größere Atombombe gezündet hatte, waren sich die meisten dieser Physiker darüber bewußt, das sie eben nicht wußten, ob die extreme Hitze einer Atombombe möglicherweise die gesamte Atmosphäre der Erde in Brand setzen und damit schlagartig alles Leben auslöschen würde.

Sie haben die Bombe trotzdem gezündet ...

Dasselbe wie für die Atombombe gilt auch für die Entwicklung von chemischen und biologischen Waffen.

4. Abgrenzung

Es gibt die Tendenz, die eigene Eigenart gegen die Eigenarten der anderen abzugrenzen, um die eigene Identität klarer herauszustellen. Wenn nun diese Abgrenzung oder diese Eigenart angegriffen wird, entsteht ein hohes Stresslevel, weil die eigene Identität – oder das, was man dafür hält – in Gefahr ist. Solche Stress-Situationen gibt es sowohl individuell als auch kollektiv.

Manchmal fühlt sich ein Einzelner, eine Gruppe oder eine Kultur auch schon durch die bloße Existenz einer anderen Person, Gruppe oder Kultur mit anderen Werten bedroht und angegriffen, was zu einer Verteidigungshaltung führt, die eigentlich ein Angriff auf den oder die anderen ist.

Solche Konflikte entstehen vor allem dann, wenn der Einzelne oder die Gruppe Werte mit einem Absolutheitsanspruch hat, was dann schnell zu einem aggressiven „wir oder ihr" führen kann. Diese unterschiedlichen Werte können aus der Religion stammen, aber sie können auch auf der Herkunft, auf der Kultur oder dem Wirtschaftssystem oder dem politischen System beruhen.

Aus solchen Konflikten – die in den meisten Fällen Langzeitkonflikte sind – entstehen dann solche Grausamkeiten wie ethnische Säuberungen, Judenverfolgung, Kreuzzüge, der Islamische Staat, die Indianerkriege, die Sklaverei und dergleichen mehr.

Es gibt zwar mittlerweile durchaus die Einsicht, dass verschiedene Kulturen auch nebeneinander existieren können („Multi-Kulti"), aber dass dieses Nebeneinander schon eine solide Reife erlangt hätte, kann man noch nicht behaupten.

Immerhin rufen selbst einige Religionsführer wie der Papst zum Einhalten des Friedens auf und der Dalai Lama hat in einem seiner Bücher sogar erklärt, dass Ethik wichtiger als Religion sei.

Der Kultur-Gegensatz oder Religions-Gegensatz wird allerdings oft auch ganz gezielt gefördert, da man ihn als die Ursache für alle Probleme darstellen kann. Solch ein „Fremdvolk"-Sündenbock kann gut von den eigenen Fehlern ablenken und zudem auch das „eigene Volk" aufwerten, zusammenschweißen und gleichschalten. Diese Strategie kann man an dem Vorgehen der NSdAP im „3. Reich" ausführlich studieren.

Das, was hier gebraucht wird, ist eine Weiterentwicklung der Werte – oder zumindest die Unterscheidung, was für einen selber das Richtige und „einzig Wahre" ist, und was für die anderen das jeweils Richtige ist – was sich möglicherweise deutlich unterscheidet.

Dabei ist der Anspruch, dass nur die eigene Religion, Abstammung, Kultur, Wertesystem, Parteipolitik usw. das einzige Richtige und Gute ist, das größte Problem, da es aus einer Überzeugung Fanatismus werden lässt.

Solange man überzeugt ist, dass das, was die Religion sagt, wortwörtlich die Wahrheit ist, oder dass die Worte in dem Heiligen Buch von Gott stammen oder das nur in dem eigenen Parteibuch die Lösung aller Probleme zu finden ist, wird es schwierig sein, zu einer allgemeinen Toleranz zu gelangen.

Dabei ist es vollkommen in Ordnung, wenn es zwischen den verschiedenen Werten, Ansichten und Systemen eine Konkurrenz gibt, doch das ist nur solange förderlich, wie alle danach schauen, welches Vorgehen die besten Resultate bringt – und niemand auf die Idee kommt, die eigene Ansicht mit Gewalt allgemeinverbindlich zu machen.

Möglicherweise wäre es eine Hilfe – so wie es der Dalai Lama vorgeschlagen hat – die Übereinstimmungen zwischen den vielen Religionen deutlicher herauszuarbeiten. Am besten sollte man dann auch die Namen „Jahwe", „Gott", „Allah" usw. nicht als den tatsächlichen Namen Gottes ansehen, sondern als ein Wort aus der Sprache eines Volkes, mit dem dieses Volk Gott bezeichnet.

Auch solche Ansichten wie z.B., dass Allah arabisch spricht und dass man deshalb den Koran nur im arabischen Original verstehen kann, machen eine Religions-Verständigung nicht gerade einfacher. Ähnliches gilt für die Ansicht, dass das Hebräische eine heilige Schrift sei oder dass Jesus alles, was im Neuen Testament steht, wirklich wortwörtlich so gesagt hat.

Das ist nicht nur ein religiöses Problem. So haben z.B. die Republikaner in den USA (und in Deutschland die FDP) die Freiheit als oberstes Prinzip, von dem her alle Probleme gelöst werden müssen. Dem stehen in den USA die Demokraten (und in Deutschland die SPD) entgegen, deren oberstes Prinzip das Gemeinwohl ist. Das Problem dabei ist nicht, dass diese beiden Werte nichts taugen würden – sie sind beide wertvoll – sondern dass sie von einer Gruppe für das einzige Allheilmittel gehalten werden.

Im Königtum bestimmt der König alles; im Monotheismus gibt es den Einen-Einzigen-Alles Gott, der Gut und Böse festgelegt; und in der Philosophie wird alles von einem einzigen Grundprinzip her abgeleitet.

Die meisten heutigen Religionen leben weltanschaulich gesehen noch immer im Königtum: Jahwe/Gott/Allah bestimmt alles. Auch die Demokratie lebt noch immer im Königtum: Die siegreiche Partei bestimmt alles. Das ist ein ernsthaftes Problem, da diese (meist vollkommen unbewusste) Ein-Prinzip-Weltanschauung effektiv fast jegliche Toleranz und Kooperation verhindert.

Um die Kriege zu beenden, wird hingegen eine Einsicht in die Subjektivität aller Ansichten gebraucht und außerdem auch noch die Einsicht in die Notwendigkeit, verschiedene Prinzipien zu kombinieren und in ein Gleichgewicht miteinander zu bringen – z.B. Freiheit und Gemeinwohl.

Möglicherweise kann dabei der Tierkreis eine Hilfe sein, da er zwölf verschiedene Möglichkeiten, sich selber, das Leben und die Welt zu sehen, beschreibt. Um diese Vielfalt darzustellen, die jedoch nicht nur Unterschiede darstellt, sondern auch eine organische Einheit bildet, sind alle Bücher dieser Reihe in zwölf Kapitel gegliedert worden, die das jeweilige Thema aus der Perspektive dieser zwölf Tierkreiszeichen beleuchten.

Es ist manchmal erstaunlich, wie schnell ein System polarisiert werden kann. Dazu braucht man nur zu vergleichen, wie der Demokrat Barak Obama, der 2008 Präsident der USA wurde, und sein republikanischer Konkurrent John McCain miteinander umgegangen sind und wie acht Jahre später das Verhältnis zwischen Joe Biden und Donald Trump ausgesehen hat.

Barak Obama und John McCain haben sich gegenseitig trotz aller politischen Differenzen sehr geschätzt und sich regelmäßig im Oval Office getroffen und gemeinsam über Politik, aber auch über ihre Familien gesprochen. Diese gegenseitige Wertschätzung war so groß, das John McCain Barak Obama gebeten hat, nach John McCains Tod die Grabrede für ihn zu halten.

Es ist also durchaus möglich, auf eine zivilisierte Weise Demokratie zu betreiben, also trotz aller Gegensätze und Konkurrenz stets das Wohlergehen des Landes im Auge zu behalten und zur Kooperation bereit zu sein.

John Lennon von den Beatles hat das Problem der Polarisierung und des Fanatismus, das die eigenen Ansichten zu etwas Absolutem erhebt, schon 1969 in dem Lied „Give Peace a Chance" beschrieben, in dem er die Begriffe aufreiht, die mit „-ismus" enden und die immer etwas bezeichnen, das ein Prinzip als das einzig Wichtige ansieht. Solche Begriffe sind Kommunismus, Kapitalismus, Faschismus, Militarismus, Rassismus, Absolutismus, Fanatismus, Liberalismus, Sozialismus und so weiter.

Diese Art von Begriffen und die Identifizierung mit der betreffenden Weltanschauung hat schon oft zu Kriegen geführt.

5. Individualität

♌

Kein Krieg kann ohne Soldaten oder Söldner stattfinden. Wie kommt es, dass diese Männer bereit sind, in den Krieg zu ziehen? Schließlich will niemand sterben.

Die beiden wichtigsten Gründe sind zum einen staatlicher Zwang und zum anderen eine ausreichend große individuelle Gewaltbereitschaft. Als drittes kommt noch die Aussicht auf eine ausreichend große Überlebenschance und eine ebenfalls hohe Verdienstmöglichkeit hinzu.

Kriege lassen sich nicht durch die Aggressionsbereitschaft der Einzelnen erklären, aber ohne eine Reduzierung dieser Gewaltbereitschaft der Einzelnen lassen sich auch keine Kriege verhindern. Es ist folglich notwendig, auch den Einzelnen zu betrachten, der im Krieg kämpft.

Viele wollen sich durchsetzen, aber fast niemand will im Krieg sein und niemand will im Krieg sterben. Es werden also diejenigen freiwillig als Söldner in den Krieg ziehen, die sich eine gute Überlebenschance ausrechnen – und einen guten Verdienst. Das ist tendenziell der Teil der Menschen, die aufgrund eines Angst-Problems zu Tätern geworden sind.

Leider ist es so, dass von den Menschen, die in einem größeren Ausmaß Schwierigkeiten mit den drei Grund-Problemen Mangel, Angst und Selbstzweifel haben, nur die drei „zu leisen" Formen – also Asket, Opfer und Schüchterner – Hilfe bei einer professionellen Beratung suchen. Die drei „zu lauten" Formen – also Süchtiger, Täter und Angeber – sehen in der Suche nach Hilfe eine Schwäche, die nicht in ihr Selbstbild passt.

Daher ist kollektiv gesehen die Heilung der „zu leisen" Asketen, Opfer und Schüchternen weitaus einfacher als die Heilung der „zu lauten" Süchtigen, Täter und Angeber.

Natürlich wäre es schon einmal ein sehr großer Fortschritt, wenn es kaum noch Asketen, Opfer und Schüchterne gäbe – aber ausreichen würde das noch nicht. Da ausreichend gut bekannt ist, dass man niemand ohne seinen Willen und seine Mithilfe von einem psychischen Problem – also Mangel, Angst und Selbstzweifel – heilen kann, steht man hier vor einem vertrackten kollektiven Problem.

Der wahrscheinlich erfolgversprechendste Ansatz ist vermutlich das Erlernen eines konstruktiven Umgangs mit Konflikten schon in der Kinderzeit – daheim, in den Kindergärten und in den Schulen. Doch davon, diese Aufgabe erfüllen zu können, sind die Eltern, Kindergärtnerinnen und Lehrer derzeit noch ziemlich weit entfernt.

Immerhin haben die verschiedenen Psychotherapien mittlerweile deutlich an Ansehen gewonnen. Vor 50 Jahren konnte man so etwas wie eine Therapie nur ganz heimlich machen, wenn man nicht jegliches Ansehen verlieren wollte. Wurde das dennoch entdeckt, wurde man oft als „jemand aus der Klapsmühle" angesehen.

Es besteht also durchaus Hoffnung, dass sich die verschiedenen Methoden der Selbsterkenntnis und der psychischen Heilung noch weiter durchsetzen werden und auch noch an Vielfalt zunehmen werden. Vor allem der „positive Ansatz", bei dem ein Gesunder Methoden der Selbsterkenntnis benutzt, um sich selber in seiner ganzen Tiefe zu erkennen und dann ein Leben in Selbsttreue führen zu können, ist bislang noch kaum entwickelt worden, obwohl es viele traditionelle Methoden wie die Schwitzhütte, die Visionssuche, die Herzmeditation u.ä. gibt. Aber eine Ausweitung des „negativen Ansatzes", bei dem bereits vorhandene Störungen geheilt werden, ist auch schon sehr willkommen.

So ganz nebenbei wäre dies auch für die Therapeuten eine sehr angenehme Ergänzung, ihre Patienten nicht nur aus dem Minus-Bereich bis auf „0" bringen zu können, sondern sie noch weiter in den Plus-Bereich begleiten zu können.

Das solideste Fundament einer Gesellschaft, in der das Ausbrechen von Kriegen sehr unwahrscheinlich ist, hat zwei Teile: zum einen Menschen, die einen gesunden Umgang mit Aggression gefunden haben und die ihre innere Fülle, ihre Kraft und ihre Selbstsicherheit daher konstruktiv und kreativ einsetzen, um Konflikte zu lösen – und zum anderen eine Weiterentwicklung der Regierungssysteme, die dazu führt, dass die zwischenstaatliche Kooperation deutlich größer wird und der Nutzen von Kriegen im Vergleich dazu verschwindend gering ausfällt.

Dieser Ansatz, der die Eigenständigkeit der Einzelnen fördert und das Verhalten der Regierungen weiterentwickelt, strebt nach der Entwicklung des „mündigen Bürgers" mit einer gut fundierten eigenen Meinung.

Durch diese beiden Ansätze wird aus dem „negativen Frieden" – der nur daraus besteht, dass aktuell keine Gewalt angewendet wird – nach und nach ein „positiver Frieden" – der aus der Wertschätzung der sozialen Gerechtigkeit und der Friedfertigkeit der Kultur besteht. Das wohl lebendigste Urbild für diese Haltung eines „positiven Friedens" ist sicherlich die Lebensweise der Hobbits in den Geschichten von J.R.R. Tolkien.

Dieser Übergang von einem negativen Frieden zu einem positiven Frieden ist eine Analogie zu dem Übergang in der Therapie von dem negativen Ansatz (Heilung von Problemen) zu dem positiven Ansatz (Selbsterkenntnis). Es besteht dabei nicht nur eine Analogie zwischen beidem, sondern auch ein direkter Zusammenhang:

- o Solange bei den Einzelnen noch der Mangel, die Angst und die Selbstzweifel geheilt müssen, kann es kollektiv auch nur einen negativen und somit auch labilen Frieden geben.

- o Wenn die Einzelnen ihre psychischen Wunden geheilt haben und daher zu dem positiven Ansatz übergehen können und ihre Selbsterkenntnis, ihre Selbsttreue und ihren Selbstausdruck fördern und vertiefen können, kann es auch kollektiv einen positiven und somit auch stabilen Frieden geben.

Angesichts dieses Zusammenhangs ist jede Weiterentwicklung der Therapien und Selbsterkenntnis-Methoden auch aus der Sicht der Friedenserhaltung und der Friedenssicherung ausgesprochen wertvoll. Bei diesem Bestreben können neue Methoden angewendet werden, aber es kann auch auf viele traditionelle Methoden zurückgegriffen werden. Am gründlichsten sind bisher vermutlich die Meditation und die Familienaufstellungen in die heutige westliche Kultur integriert worden.

Dabei ist es anscheinend förderlich, den alten Methoden neue Namen zu geben: So gehen die Familienaufstellungen auf den südafrikanischen Schamanismus und den dortigen Ahnenkult zurück.

6. Regierungssystem

♍

Kriege werden mit Soldaten geführt – das ist zumindest die weitverbreitete Ansicht, die ja auch weitgehend zutrifft. Doch schon seit eh und je spielen auch Söldnerheere eine große Rolle, also Gruppen von unbeteiligten Männern aus anderen Ländern, die für den Meistbietenden in Kämpfe eingreifen. Diese Söldnerheere wurden schon immer angeheuert, um Kriege zu gewinnen – unabhängig davon, ab das betreffende Land ein Königtum, eine Demokratie, ein kommunistischer Staat oder eine Diktatur war.

Zum einen konnte man auf diese Weise die Größe des eigenen Heeres aufstocken und zum anderen wird der Tod eines ausländischen Söldners im eigenen Land als weniger wichtig angesehen als der Tod eines inländischen Soldaten. Das sind gleich zwei wichtige Vorteile für einen Staatschef, um den Krieg gewinnen zu können und sich dabei möglichst wenig Widerstand aus der Bevölkerung gegen den Krieg auseinandersetzen zu müssen.

Solche Söldnerheere – die heute eher „private Militärfirmen" genannt werden, sind: die Skythen im antiken Griechenland; die Kelten in Karthago; die Wikinger in Konstantinopel; die Gurkhas in Nepal; die internationale Fremdenlegion; Blackwater, CACI Systems, DynCorp und Triple Canopy in den USA; Sandline, Aegis Defense Services und Armor in Großbritannien; Asgaard German Security Guards in Deutschland; Wagner in Russland; Hisbollah im Libanon, die Moslem-Bruderschaft in Ägypten; Executive Outcomes in Sierra Leone; Boko Haram in Nord-Nigeria; Al-Shabaab in Somalia; FARC in Kolumbien; Saracen in Südafrika; Omega Support in Hong Kong; und viele mehr.

Für die Söldner selber ist das ein sehr riskanter Beruf, bei dem sie viel Geld verdienen, aber auch sterben können. Sie sind zwar von der Genfer Konvention verboten worden, aber da sie sich aus praktischer Sicht in einer rechtlichen Grauzone befinden, kommt es nur selten zu Anklagen gegen ihr meist äußerst brutales Vorgehen. Und die wenigen Verurteilten werden oft von den Staatschefs, die sie angeheuert haben, begnadigt, da diese Staatschefs ja weiterhin auf ihre Dienste angewiesen sind. So hat z.B. Donald Trump einige Männer der Söldner-Firma CACI nach deren Verurteilung begnadigt.

Die „Kriegs-Unternehmer" selber verdienen sehr gut an ihrem Geschäft – dieser Geschäfts-Typ ist ähnlich lukrativ wie Drogenhandel, Frauenhandel und Waffenhandel. Während des 30-jährigen Krieges war der Kriegs-Unternehmer Albrecht von Wallenstein der damals reichste Mann in Europa.

Diese Söldnerheere sind keineswegs kleine Ergänzungen zu dem Soldatenheer, sondern bestehen manchmal aus 50.000 Mann – Ex-Soldaten, Ex-Polizisten, freigelassene Kriminelle u.a. In manchen Kriegen kämpften mehr Söldner als Soldaten.

Dadurch wird das Gewaltmonopol des Staates untergraben, der die oft ungehemmte Kriminalität dieser Söldnerheere duldet, da sie die Ziele dessen, der sie angeheuert hat, durchsetzen. Somit wird der Krieg privatisiert. Darauf spielt Iron Man zu Beginn des MCU-Films „Iron Man II" mit seinem Statement „Ich habe erfolgreich den Weltfrieden privatisiert!" ironisch an.

Es hat auch Völker gegeben, die Raub als Geschäftsmodell betrieben haben wie z.B. die Wikinger. Deren Raubzüge sind jedoch nicht mit den Söldnerheeren vergleichbar, da die Wikinger diese Raubzüge, die für sie eine wichtige Lebensgrundlage waren, selber durchgeführt haben. Sie betrieben die Plünderungen sozusagen als Staatsraison.

Drogenhandel, Frauenhandel, Waffenhandel und Söldnerhandel sind die vier Geschäftsmodelle, die sich auf die am tiefsten sitzenden Instinkte der Menschen beziehen: Sucht, Sex, Gewalt und Macht. Zumindest sind das die vier Bereiche, mit denen sich schnelles Geld machen lässt. Lediglich der Sport, insbesondere der Fußball, kann ähnlich lukrativ sein – aber dort hat sich bisher noch kein kriminelles Geschäftsmodell entwickelt.

Das Problem mit den Söldnerheeren ist, dass es sie solange weitergeben wird, wie sie von Staaten angeheuert werden – und da ist bisher kein Ende abzusehen. Sie sind ein fester Bestandteil des bisherigen Kriegssystems: gemietete Gewalt.

Die Söldnerheere sind nicht das einzige „technische Problem" bei dem Streben nach einem allgemeinen Frieden. Auch die ständige Neuentwicklung von Waffen wie z.B. den Drohnen führt zu immer neuen Formen der Kriegsführung. An dieser Entwicklung wird sich auch nichts ändern, solange die Politik zu einem guten Teil auch von

Sucht, Angst und Selbstzweifeln bestimmt ist – oder zumindest die Politiker noch von diesen drei Grundproblemen belastet sind.

Leider ist es ja so, dass nur selten die Idealisten (wie z.B. Michail Gorbatschow) bis an die Spitze eines Staates gelangen, sondern sehr oft diejenigen, die eine besonders große Gier nach Reichtum, ein besonders großes Machtstreben oder eine besonders große Geltungssucht haben. Dies sind drei Formen der „lauten" Versionen der drei Grundprobleme des Mangels, der Angst und der Selbstzweifel. Daraus folgt dann leider auch, dass diese Staatenlenker dann nicht das Wohlergehen des gesamten Staates fest im Blick haben – was eigentlich ihre Aufgabe wäre – sondern eben von ihrer Gier nach Reichtum, Macht und Anerkennung gelenkt werden.

Hier wird als Lösung offensichtlich ein Regierungssystem gebraucht, das nicht die Machtgierigen, sondern die Weisen fördert und an die Regierung bringt.

Lange Zeit wurde der Krieg als ganz normaler Bestandteil des Lebens angesehen – was eine ziemlich pubertäre Einstellung ist. So hat 1812 der bekannteste Kriegstheoretiker – Carl von Clausewitz – gesagt: „Der Krieg ist die bloße Fortsetzung der Politik mit anderen Mitteln."

Das ist zwar rein technisch gesehen richtig, doch für die beteiligten Soldaten und für die beteiligten Völker insgesamt sind Krieg und Frieden ein sehr großer Unterschied.

Aus der Sicht mancher Politiker ist der Krieg lediglich eine notwendige Randerscheinung. Diese Ansicht konnte man lange Zeit vertreten – auch wenn diese Ansicht grausam war – aber seit der Existenz der Atombomben gefährdet diese Sicht auf die Kriege die Weiterexistenz der Menschen als Ganzes.

Es bleibt jedoch das Problem, dass selbst dann, wenn fast alle der derzeit 194 Staaten auf der Erde friedlich sind, die wenigen, die sich aggressiv verhalten, die anderen in einen kriegerischen Modus zwingen können. Es bleibt somit stets eine Restgefahr, dass ein Krieg ausbricht.

Es gibt noch einen Aspekt des Krieges und des Friedens, der oft gar nicht bemerkt wird: Mord ist das am stärksten bestrafte Verbrechen, das ein Mensch begehen kann – aber der Staat darf Mord, Hinrichtungen, Sabotage, Anschläge und Kriege befehlen, d.h. der Richter und der Verteidigungsminister darf töten …

Der Staat verbietet im Inneren das Töten, aber er kann das Töten nach außen hin befehlen – und sogar standrechtlich den erschießen, der sich zu töten weigert. Der Staat verbietet also Aggression im Innen, aber erlaubt sie im Außen.

Der Staat hat die Macht, dem Einzelnen innerhalb seines Bereiches verbindliche Vorschriften zu machen – nach außen hin gibt es zwar Versuche, allgemein Regeln für den Umgang der Staaten miteinander festzulegen (UNO u.ä.), doch letztlich gilt zwischen den Staaten nur das Recht des Stärkeren – es gibt keine machtvollere übergeordnete Instanz, die zwei Staaten vom Kriegführen abhalten könnte …

Das kann man deutlich am Verhalten des amerikanischen Präsidenten Donald Trump in seiner zweiten Amtszeit sehen.

7. Kooperation

♎

Es sollte eigentlich für erwachsene Menschen möglich sein, Probleme kooperativ anzugehen und gemeinsam nach Lösungen zu suchen, doch man muss nicht erst mühsam suchen, um auch Fälle zu finden, in denen sich die Menschen auch in der Politik noch immer auf pubertäre Weise gegen andere durchsetzen wollen.

Diese Konflikte finden sich auch in der Demokratie, da jede Partei zunächst einmal die Wahlen gewinnen muss, um dann regieren zu können. Es gibt also den Kampf zwischen den Parteien, der nicht immer nur mit sachlichen Argumenten ausgetragen wird. Die Parteienkonflikte in der Demokratie sind also systemimmanent – sie lassen sich in diesem System gar nicht vermeiden. Wenn dieser Parteien-Egoismus größer wird als die Wertschätzung des Wohlergehens des gesamten Staates, kommt es zu solchen Vorgängen wie der Erstürmung des Kapitols durch die gewaltbereiten Trump-Anhänger in den USA.

Die Demokratie funktioniert nur so lange, wie der weitaus größte Teil der Bevölkerung die Spielregeln der Demokratie für wichtiger erachtet als die eigene Macht. Ist dies nicht mehr der Fall – so wie bei Trump, der seine Wahlniederlage konsequent leugnet – kann es zum Bürgerkrieg kommen.

Wie kann man nun zu einer Kultur der Kooperation gelangen, die das Streben der Durchsetzung der eigenen Ansichten zügelt und das Streben nach dominanter Kontrolle von allen abwehrt?

Natürlich liegen hier Deeskalation, Kommunikation, gegenseitiges Verstehen und die gemeinsame Suche nach Lösungen nahe – doch das Demokratie-System beruht auf der Konkurrenz zwischen den Parteien, dem Sieg der einen Partei und der Machtlosigkeit der unterlegenen Partei. Das ist ganz offensichtlich kein Kooperationsbasiertes Herrschafts-System.

Der wesentliche Punkt bei der Kooperation ist, dass die Wünsche und Ansichten aller Beteiligten berücksichtigt werden – ähnlich dem Vorgehen in einer Familie, in der auch nicht einer alles und die anderen nichts bekommen.

Es wäre schon ein Fortschritt, wenn es z.B. eine Abstimmung darüber gäbe, was die drei wichtigsten Werte oder Themen sind, die in den nächsten vier Jahren gefördert werden sollen. Anschließend könnte man z.B. die Finanzen im Verhältnis zu diesen gewählten Wichtigkeiten einsetzen. Dann gäbe es verschiedene Themen, die gefördert werden und für jedes Thema gäbe es auch eine Partei, für die dieses Thema wichtig ist. In einem solchen System bliebe keine Partei außen vor, sondern jede Partei hätte gemäß ihren Werten einen politischen Arbeitsbereich und einen Gestaltungsspielraum.

Natürlich würde dieser Ansatz noch nicht sofort alle Probleme lösen – schließlich bestehen die unterschiedlichen Ansätze ja weiterhin – aber die Kooperation würde zumindest die Konkurrenz in kreativere Bahnen lenken als das derzeit bei der Demokratie der Fall ist. Es wären alle Parteien anteilig an der Regierung beteiligt.

Damit dieses Kooperations-Prinzip funktionieren kann, müsste es auch in den Familien und den Unternehmen und auch zwischen den Staaten angewandt werden – wobei es in den Familien und in der UNO vermutlich schon am weitesten gediehen ist.

Wenn sich dieses Denken in Kooperations-Strukturen und Kooperations-Verfahren allgemein durchsetzen würde, würde sich nicht nur die Kriegsgefahr deutlich verringern, sondern es würde auch die ungleiche Verteilung des Wohlstands sowohl innerhalb eines Staates als auch zwischen verschiedenen Staaten abgebaut werden.

Wie bei allen neuen Systemen kann man davon ausgehen, dass es eine Weile dauern würde, bis ein solches Kooperations-System so weit ausgereift und in allen Aspekten ausgefeilt worden ist, dass es weitgehend reibungslos funktioniert.

Bei der Entwicklung dieses auf der Kooperation statt auf der Konkurrenz basierenden Regierungssystems wird vermutlich das Verhalten innerhalb einer Familie das wichtigste Vorbild sein.

8. Aggression

♏

Wenn man einen allgemeinen und dauerhaften Frieden anstrebt, stellt sich die Frage, wie man mit dem Thema „Aggression" umgehen sollte.

Zunächst einmal ist es vermutlich sinnvoll, dieses Thema auf individueller Ebene zu klären, da sich die kollektive Ebene schließlich aus dem Zusammenwirken der Individuen ergibt. Ein einzelner Mensch kann aus verschiedenen Gründen aggressiv werden: Man wird angegriffen; man hat Rachegefühle; man will etwas, was ein anderer hat; Eifersucht; Neid; Angst; man fühlt sich beleidigt. Letztlich kommt man auch hier wieder zu den drei Grundproblemen Mangel, Angst und Selbstzweifel.

Wenn solche Gefühle nicht frühzeitig geheilt werden, kann eine Aggressions-Gewohnheit entstehen, die dazu führt, dass man bei dem geringsten Anlass extrem heftig reagiert und den anderen beleidigt oder kurzerhand einfach zuschlägt. Das kann auf diesem ganz schlichten Niveau bleiben, aber auch zu einer „Kultur der Bosheit" weiterentwickelt werden, die eine absolute Macht anstrebt. Eine sehr detaillierte Analyse eines solchen Charakters und seines Weges dorthin schildert J.K. Rowling in ihrem „Harry Potter"-Roman anhand des Schwarzmagiers Tom Riddle alias Voldemort.

Solche Charaktere können sich auch zu einer Gruppe zusammenschließen, wobei diese Gruppe stets streng hierarchisch sein wird und einen Diktator an ihrer Spitze hat – siehe Hitler, Stalin, Mussolini oder den eben bereits angeführten fiktiven Charakter Voldemort.

Allerdings können aggressive Verhaltensweisen auch aus schlichter Not heraus entstehen – z.B. durch ein großes Arm/Reich-Gefälle, ungleiche Machtverteilung, soziale Spannungen oder Unterdrückung und Ausbeutung. In diesem Fall geht die Aggression nicht wie bei den Gewohnheits-Aggressoren von den drei „lauten" Varianten – also Süchtiger, Täter und Angeber – aus, sondern von den drei „leisen" Varianten – d.h. Asketen, Opfer und Schüchterne – die jedoch soweit in die Enge getrieben worden sind, dass sie aus ihrem bloßen Überlebenswillen heraus schließlich selber „laut" werden und einen Aufstand machen.

Die „lauten" Menschen, die die „leisen" Menschen unterdrücken, fürchten daher die ganze Zeit diejenigen der „leisen" Menschen, für die schließlich die Unterdrückung zu schlimm wird und die dann zu „lauten" Menschen werden und die Gier, die Macht und den Größenwahn der „lauten" Unterdrücker beenden wollen. Das führt dann je nach der politischen Situation entweder zu einem Bürgerkrieg oder zu einem Krieg.

Man kann daher nicht sagen, dass jeder, der einen Bürgerkrieg oder einen Krieg beginnt, „böse" ist und „schuld" hat – manchmal geht es um das schlichte eigene Überleben. Aber natürlich sollte jeder Bürgerkrieg und jeder Krieg vermieden werden, da er auf jeden Fall viel Tod, Leid und Zerstörung erschafft. Doch dazu reicht ein moralisches oder durch die Polizei durchgesetztes Aggressions-Verbot nicht aus.

Der erste Schritt besteht in der Heilung von individuellen und kollektiven Traumas. Ein Trauma besteht aus der Erinnerung an ein existentielles früheres Erlebnis, das bewusst, aber auch unbewusst sein kann. In dieser Erinnerung sind nach wie vor die damaligen Gefühle eingesperrt, d.h. daß sich die Erinnerung nie hat entspannen können.

Das Hauptproblem, das sich aus Traumas ergibt, besteht darin, das von ihnen ein innerer Zwang zu einer bestimmten Verhaltensweise ausgeht: Bei dem von einem Trauma besetzten Thema ist der Betreffende weitgehend in seinen bewussten Entscheidungen und in seinem Lenken des eigenen Verhaltens eingeschränkt. Er ist bei diesem Thema unfrei, da die Assoziation zu der Erinnerung und die in dieser Erinnerung noch immer gefangenen Gefühle diese Gefühle auf die ähnliche augenblickliche Situation überträgt und sie dadurch für den Betroffenen zu einer existentiellen Situation macht, in der er um sein Überleben kämpft.

Dabei ist es ziemlich unbedeutend, wie wichtig die auslösende Situation einem außenstehenden Betrachter erscheinen mag. Für den Traumatisierten ist diese Situation durch die Assoziation zu seinem früheren Erlebnis existentiell – was dazu führt, dass man mit ihm kaum noch reden kann und er sozusagen nur noch verzweifelt um sich schlägt. Das macht eine Kooperation in einer Konfliktsituation natürlich nahezu unmöglich. Daher ist es notwendig, zuerst das Trauma zu lösen bevor es überhaupt zu einer Kooperation bei dem Trauma-belasteten Thema kommen kann. Leider ist das den Betroffenen nur in den seltensten Fällen klar. Sie verhalten sich aus ihrer eigenen Sicht heraus schließlich vollkommen logisch und vernünftig.

Dasselbe Problem gibt es auch kollektiv – z.B. durch die Vernichtung von 96% der 6 Millionen Indianer, die um 1500 in Amerika lebten, auf nur noch 237.000 Indianer um 1900; die 40 Millionen Afrikaner, die aus Afrika nach Amerika entführt und als Sklaven gehalten wurden und von denen nur 10 Millionen lebend in Amerika ankamen; oder durch die Vergasung von 66% der damals 9 Millionen in Europa lebenden Juden durch die Nazis.

Solche Traumata sitzen tief und sind nur schwer heilbar. Es ist daher nicht verwunderlich, dass die Juden in Israel im Dauerstress leben und über ein hochgerüstetes Militär und Atombomben verfügen.

Die Lage der Indianer in den USA ist nach wie vor schlecht, aber sie scheinen sich weniger von Traumas geprägt verhalten zu können – doch vielleicht liegt das auch daran, dass man in den Nachrichten weit mehr über Israel als über Indianer-Reservate hört.

Die Heilung eines kollektiven Traumas ist sehr mühsam, da sie nur über die Trauma-Heilung der Einzelnen erfolgen kann. Ob es jemals wirkungsvolle Methoden der kollektiven Trauma-Heilung geben wird, ist sehr ungewiss.

9. Machtstreben

♐

Ein weiteres Problem, das schon angeschnitten worden ist, ist das Machtstreben Einzelner, das unter Umständen das kollektive Streben nach Wohlstand untergraben und behindern kann. Das Streben nach Einfluss und Macht und der Drang, sich durchzusetzen, führt diese Menschen in der Regel in gehobene Positionen in der Politik, der Wirtschaft, dem Militär oder in der organisierten Kriminalität.

Dabei wird die eigene Dominanz als Ideal gesehen und entweder in legalen Machtstrukturen wie Parteien oder Unternehmen, in halblegalen Grauzonen wie den Söldnerheeren, oder in illegalen Strukturen wie der Mafia angestrebt.

Eine beliebte Absicherung von Diktatoren ist nach innen hin die Gleichschaltung und nach außen hin die militärische Aufrüstung – Atombomben sind die wirksamste Lebensversicherung der Diktatoren.

Wie kann man solchen Entwicklungen entgegenwirken? Wenn erst einmal eine diktatorische oder autokratische Struktur entstanden ist, ist es schwer, sie wieder zu verändern. In den meisten Fällen endet sie erst durch einen verlorenen Krieg, den der Diktator begonnen hat – manchmal auch durch eine Revolution im eigenen Staat.

Die Entwicklung muss also aufgehalten werden bevor sie feste Strukturen ausgebildet hat. Das Effektivste ist zunächst einmal die individuelle und die kollektive Trauma-Auflösung. Der nächste Schritt ist der zivile Ungehorsam, der auch schon einige autokratische Staatschefs zum Aufgeben zwingen konnte. Leider bedeutet das Abtreten eines Autokraten oder Diktators noch nicht, dass sich anschließend automatisch deutlich bessere politische Strukturen bilden.

Es ist also wieder eine Kultur und eine Regierungsform notwendig, die durch die Kooperation zwischen allen Beteiligten dazu führt, dass private und öffentliche Lebensformen entstehen, die die Wünsche und Meinungen von allen Beteiligten berücksichtigen und nicht nur die Wünsche und Meinungen der Mehrheit.

Dazu ist wiederum erst einmal ein politisches System notwendig, dass diese Kooperation fördert und die Gemeinschaft zu Gedeihen und Wohlstand sowie zu einer „weltanschaulichen Zufriedenheit" führt, da die Anliegen von allen anteilsmäßig berücksichtigt werden.

Möglicherweise wäre es auch ein Ansatz, die verschiedenen Lebensweisen auf verschiedene Länder, Gebiete und Städte aufzuteilen. Allerdings ergäbe sich daraus die Notwendigkeit der friedlichen Kooperation dieser einzelnen Bereiche miteinander sowie die Möglichkeit des freien Wechsels zwischen diesen Bereichen. Dieser Ansatz würde allerdings nur für Menschen interessant sein, die ihre Weltanschauung über ihre Familie, ihren Wohnort, ihren Arbeitsplatz usw. stellen.

Die Entwicklung eines politischen Systems, das auf der Kooperation beruht, scheint daher zunächst einmal erfolgversprechender zu sein.

Wie bei den meisten Neuerungen ist auch hier sowohl eine allmähliche Entwicklung der neuen Formen als auch eine Revolution möglich. Da es hier um Kooperation geht, scheint das „kooperative Vorgehen", also die allmähliche Entwicklung wahrscheinlicher zu sein. Wie in solchen Fällen üblich, wird die neue Form vermutlich zunächst in kleinen Gemeinschaften erprobt werden, bevor sie auf einen ganzen Staat übertragen wird.

Immerhin sind die Grundzüge einer solchen Kooperation den meisten durch die eigene Familie oder durch die Herkunftsfamilie bekannt – wobei es natürlich auch in Familien autokratische Machtstrukturen und Tyrannen geben kann.

Ein weiteres Experimentierfeld, in denen nach der besten Form der Selbstorganisation als Gruppe gesucht wird, sind die Kooperativen, die sich vor allem im alternativen Bereich wie Bioläden, anthroposophischen Unternehmen, Kommunen u.ä. finden. Dort hat sich zwar bereits einiges an Sachkenntnis herausgebildet, aber es ist noch kein überzeugendes System sichtbar geworden. Das Hauptproblem dabei ist das Streben Einzelner nach Macht. Wie kann es verhindert werden, dass dieses Machtstreben letztlich die kooperativen Formen auflöst und das Unternehmen wieder zu einem von einer einzelnen Person geführten Struktur macht?

Vermutlich ist vor allem die allgemeine Heilung des Mangels, der Angst und der Selbstzweifel der Schlüssel zu einer gut funktionierenden Kooperation: Einen

Menschen, der in Fülle, Kraft und Selbstliebe ruht, kann man nicht so einfach manipulieren.

10. Geschichte

In aller Regel wird die Situation in der Gegenwart besser verständlich, wenn man die Entwicklung in der Vergangenheit, die zur heutigen Lage geführt hat, betrachtet. Das gilt auch für die Aggressionen.

In der **Altsteinzeit** war die Situation recht schlicht und eindeutig: Man brauchte die Aggression, um die Tiere zu erlegen, die man anschließend verspeisen wollte. Da auch Mammuts zu diesen Beutetieren zählten, erforderte dies viel Mut, Kraft und Geschick, also eine hochentwickelte und niveauvolle Aggression. Andererseits waren auch die Menschen durch Bisons, Panther, Löwen und dergleichen in ständiger Lebensgefahr. Es wurde also auch eine große Verteidigungsfähigkeit benötigt. Dadurch hatte die Aggression ihren Platz im Leben, wo sie gebraucht wurde und wo sie existentiell wichtig war.

In der **Jungsteinzeit**, in der die Jagd nur noch eine sehr geringe Rolle spielte und stattdessen Ackerbau und Viehzucht die Ernährungsgrundlage bildeten, veränderte sich die Funktion der Aggression: Während die Hirten noch weitgehend im Kampf-Modus blieben, um die Herden zusammenzuhalten und sie vor Viehdieben und Raubtieren zu schützen, mussten die Ackerbauern ihre Aggression in Arbeit verwandeln. Das bedeutete ein deutlich höheres Maß an Selbstdisziplin und den Verlust des Lebensbereiches, in dem die Aggression eine wesentliche Grundlage für das Überleben und den Erfolg war.

Im **Königtum** kam noch hinzu, dass nun der König und seine Verwaltung bestimmten, was wer machte, während bisher jeder weitgehend frei entschieden hatte, was er tat – wobei sich diese Entscheidungen ziemlich direkt aus der Jagd, der Viehzucht und dem Ackerbau ergeben hatten. Aber es macht einen großen Unterschied, ob man aus der Sache heraus durch Einsicht in die

Umstände eben das Notwendige tut, oder ob man befohlen bekommt, was man tun soll. Durch diese Veränderung kam es das erste Mal in größerem Umfang auch zu einer Verdrängung von Aggressionen – schließlich hatte man keine Möglichkeit, sich gegen den König zu wehren.

Das Alte Ägypten war das erste Königreich, das eine große Fläche umfasste und nicht nur eine einzige Stadt. Ägypten war von seiner Gründung um 3250 v.Chr. an ungefähr 1000 Jahre lang das einzige Königreich. Erst danach gab es mit dem Hethiterreich und Babylonien zwei weitere Königreiche, sodass es auch erst zu dieser Zeit die ersten Kriege gab. In diesem Zusammenhang ist der erste Friedensvertrag aufschlussreich, der am 10.11.1259 v.Chr. zwischen dem ägyptischen Pharao Ramses dem II und Hethiter-König Hattušilli abgeschlossen wurde, weil beide eingesehen hatten, dass der Krieg zwischen ihnen sie beide soweit schwächen würde, dass sie anschließend beide von den Babyloniern besiegt werden würden.

Eine Kopie dieses ältesten bekanntesten Friedensvertrages befindet sich in dem UN-Gebäude in New York.

Die Notwendigkeit, den im Alltag verdrängten Aggressionen zur Wahrung des Friedens im Reich eine Ausdrucksmöglichkeit zu geben, haben als Erste die Römer wirklich klar erkannt und daher die Gladiatorenkämpfe im Zirkus eingeführt: „Brot und Spiele".

Im **Materialismus** gab es kaum noch einen Raum für direkte Aggression, sondern nur noch die Arbeit, also „domestizierte Aggression" – abgesehen von den Kriegen, die jedoch auch aus der Sicht der Soldaten und Söldner keine eigenständige Aggressionen aus eigenem Antrieb mehr war, sondern das Befolgen von Befehlen.

In der heutigen **Epoche der Globalisierung** gibt es ebenfalls keine Möglichkeiten für die direkte und spontane Aggression mehr. Der Ersatz dafür sind u.a. die Fußballspiele.

Wenn man nun schaut, wie die heutigen Lebensumstände aussehen, dann zeigt es sich, dass nicht nur die Möglichkeit fehlt, Aggressionen auf sinnvolle und direkte Weise zu leben wie einst bei der Jagd, sondern dass es außerdem die Überbevölkerung, die Klimaerwärmung, die humanitären Katastrophen, die Migration, die Hungersnöte, die sehr ungleiche Verteilung des Wohlstandes und noch einiges mehr gibt, was zu einer berechtigten Aggression führt.

Weiterhin hat das heutige Waffenarsenal und seine Entwicklung den Aggressionen von Einzelnen und auch von Staaten eine Vernichtungsgefahr gegeben, die alles, was in früheren Epochen möglich gewesen ist, bei weitem übertrifft.

Ein zentrales Problem ist daher, Möglichkeiten für eine direkte und trotzdem konstruktive Aggression zu erschaffen. In der Regel sind heute alle Maßnahmen, die das Problem der destruktiven Aggression angehen, darauf ausgerichtet, nicht aggressiv zu sein anstatt auf konstruktive Weise aggressiv zu sein – was sehr viel gesünder und förderlicher wäre.

Hier gibt es noch sehr viel Bedarf an Forschung und an Kreativität.

11. Gemeinschaft

≋

Auch wenn letztlich das solideste Fundament einer friedlichen Gesellschaft von der Heilung der psychischen Einzelnen ausgeht, wird auch ein kollektiver Umgang mit Aggressoren benötigt.

Da die beiden Hauptgründe für Kriege und Unterdrückung zum einen die Gier nach Reichtum und nach Macht und zum anderen unterschiedliche Weltanschauungen sind, die einen Absolutheits-Anspruch haben, muss

> 1. der Wohlstand einigermaßen gleichmäßig verteilt werden,

> 2. die Macht von einzelnen Personen, Unternehmen und Staaten kontrolliert und begrenzt werden, und

> 3. eine Kultur der gegenseitigen Toleranz entwickelt werden.

Die individuelle Heilung ist das Fundament, aber die kollektive Friedenserhaltung als der Aufbau auf diesem Fundament ist ebenfalls unverzichtbar, um zu einem stabilen System zu gelangen.

Ein spezielles Problem ist die asymmetrische, also ungleiche Kriegsführung, die vor allem aus Terrorismus besteht. Bei der asymmetrischen Kriegsführung wird durch eine meist eher kleine Gruppe mit extremen Ansichten eine große Gruppe vor allem durch Anschläge in ständige Unruhe versetzt. Durch diese Guerilla-Taktik des „touch and go" können sehr viele Polizisten und Soldaten durch einige wenige Angreifer gebunden werden. Die Anschläge an das World Trade Center in New York sind das bekannteste Beispiel für solch einen Anschlag. In der Regel kommt es denen, die diese Anschläge durchführen, vor allem auf die große öffentliche Wirkung an, also um das Erzeugen eines kollektiven Traumas – was ihnen bei den Anschlägen auf das World Trade Center mit Sicherheit gelungen ist.

Hier wird das Erzeugen von kollektiven Traumas als Kampf gegen ein System verwendet, das zerstört werden soll. Das hat allerdings in der Regel nicht den gewünschten Erfolg, aber ist nach wie vor beliebt. Manchmal sollen solche Anschläge auch dazu dienen, potentielle Verbünde mit in den Kampf zu ziehen, die sich bisher aus dem Konflikt herausgehalten haben. Vor allem rings um den Nahost-Konflikt ist diese Strategie schon des öfteren zu beobachten gewesen. Das Ziel dabei ist ein größerer Krieg, in dem der Gegner – in dem Nahost-Beispiel Israel – durch die vereinten Kräfte der potentiellen Gegner vernichtet wird.

Die Strategie der Traumatisierung des Gegners zielt also auf eine Polarisierung des Konfliktes ab, mit der die Hoffnung verbunden ist, dass dann alle moderaten Staaten gezwungen werden, Partei zu ergreifen und ihre weitgehende Neutralität aufzugeben und in den Vernichtungskampf gegen den Feind einzugreifen.

Die Staatengemeinschaft hat die Möglichkeit, Staaten, die einen anderen angreifen, durch ihre Solidarität mit dem Angegriffenen zu unterstützen, indem sie den Angreifer ausgrenzen, ihn in allen Bereichen boykottieren und ihn mit einem Handelsembargo belegen.

Das Problem bei dieser „friedlichen Gegenwehr" ist es, dass diese Methode nur dann wirklich wirksam ist, wenn fast alle Staaten an diesem Boykott mitwirken. Wenn jedoch z.B. Russland nach seinem Angriff auf die Ukraine weiterhin von Indien, China und Nordkorea unterstützt wird und über diese drei Staaten alle notwendigen Güter erhält und an sie die eigenen Güter verkaufen kann, ist dieses Embargo nicht mehr besonders wirksam.

Wenn sich die Staaten jedoch einig wären, dass die Erhaltung des Friedens wichtiger ist, als die Handelsvorteile mit dem Aggressor-Staat, würden solche Handelsembargos wesentlich wirksamer sein. Solange jedoch der eigene Vorteil durch den Handel als wichtiger angesehen wird oder solange auch die eigene Wiederwahl von dem Wohlstand im eigenen Land abhängt, wird es auch immer Staatschefs geben, die einen solchen Boykott nicht mittragen.

Es müsste also deutlich werden, dass mittelfristig und langfristig die Wahrung des Friedens wichtiger ist als der eigene kurzfristige wirtschaftliche oder politische Vorteil. Davon sind wir leider noch ein gutes Stück entfernt. Genau dasselbe Problem gibt es auch bei der Klimaerwärmung und generell beim Umweltschutz: Der kurzfristige Vorteil wird oft für wichtiger erachtet als der mittelfristige und langfristige

Nachteil – obwohl diese Nachteile um ein Vielfaches größer sind als die kurzfristigen Vorteile.

Es gibt bereits das Völkerrecht und es gibt auch die UNO, aber das hindert Aggressoren keineswegs daran, andere Staaten anzugreifen.

Manchmal sind Katastrophen notwendig, um die Menschen aufzuwecken und die Bereitschaft zu Veränderungen entstehen zu lassen, doch manchmal helfen auch Überschwemmungen, Waldbrände, Trockenheiten, Wirbelstürme, der Anstieg des Meeresspiegels usw. noch nicht dafür aus, endlich langfristig zu denken. Dasselbe gilt auch generell für die Politik, da in den Demokratien die nächste Wahl die alles prägende Perspektive ist und in den Autokratien und Diktaturen alles von dem Willen des Herrschers bestimmt wird.

Es hängt also vermutlich alles davon ab, ob es einer Kultur gelingt, in den Familien, in den Kindergärten, in den Schulen und in den Universitäten den jungen Menschen die großen Vorteile des langfristigen Denkens beizubringen. Dieses langfristige Denken und Handeln ist einst bei den sogenannten „Wilden“, also bei den Naturvölkern, allgemein üblich gewesen ist: „Niemand sollte etwas tun, was einem anderen in den nächsten zehn Generationen schaden könnte.“

Wenn man im Vergleich dazu die Perspektive der heutigen Politiker nimmt, deren Blick nur auf ihre Wiederwahl in vier und fünf Jahren ausgerichtet ist, wird deutlich, dass wir ein Gesamtsystem brauchen, das von einem weitsichtigen Egoismus geprägt ist, also von einem Denken, Fühlen und Wollen, das langfristig ausgerichtet ist.

Wenn das erreicht worden ist, wird es auch kein Problem mehr sein, eine vollständige Solidarität gegen einen angreifenden Staat zu erreichen. Wenn es endlich soweit ist und jeder Staat das auch weiß, wird auch kein Staat mehr einen Krieg beginnen, weil er weiß, dass er ihn mit sehr großer Wahrscheinlichkeit nicht gewinnen kann.

12. Menschheit

H

Insgesamt sollte man auch sehen, dass wir seit ungefähr dem Ende des zweiten Weltkrieges am Anfang einer neuen Epoche stehen.

Immanuel Kant hat 1795 in seinem Buch „Zum ewigen Frieden" das erste Mal die Vision eines dauerhaften friedlichen Zusammenlebens aller Menschen beschrieben.

Aus der Weltanschauung der Aufklärung (1650-1800) entstanden dann die ersten Friedensbewegungen, die jedoch zunächst ohne größere Wirkung blieben.

Die beiden Haager Friedenskonferenzen 1899 und 1907 scheiterten vor allem daran, dass sich das Deutsche Reich weigerte, eine internationale Schiedsgerichtsbarkeit anzuerkennen.

1920 wurde nach den Schrecken des Ersten Weltkrieges der Völkerbund gegründet. In ihm waren 45 Staaten zusammengeschlossen, die das Ziel hatten, den Frieden in der Welt zu wahren. Wie die Geschichte gezeigt hat, wurde dieses Ziel jedoch verfehlt – nur 19 Jahre später brach der zweite Weltkrieg aus.

1945 wurde der Völkerbund in die UNO umgewandelt, der mittlerweile so gut wie alle Staaten angehören, und die nicht mehr wie der Völkerbund nur einstimmig, sondern mit einer Mehrheit Beschlüsse fassen kann.

Die UNO hat allerdings nach wie vor nicht die Macht, Kriege zu verhindern – aber sie ist immerhin ein Gremium, in dem diskutiert wird und in dem sich die Kriegsparteien begegnen und deren Beschlüsse auch nicht ganz ohne Wirkung sind. Der Weg bis zu einer UNO, die ein effektives Mittel zur Kriegsvermeidung sein kann, ist allerdings noch lang.

Doch immerhin gibt es die UNO schon einmal als Gremium, in dem ein allgemeiner Boykott eines angreifenden Staates beschlossen werden kann.

Die UNO ist auch das wichtigste Gremium, in dem die Kooperation über die

Konkurrenz gestellt wird, und die daher sozusagen der Experimentierbereich für eine erwachsenere, konstruktivere Weltordnung ist.

Ähnliche Strukturen gibt es bisher nur recht wenig – am ehesten zählt dazu noch die EU und in geringerem Maße auch die NATO.

Man sollte bei diesem Thema auch bedenken, dass sich die Menschheit gerade am Übergang von dem pubertären Weltordnung des Materialismus zu der erwachsenen Epoche der Globalisierung befindet. An diesem Übergang muss der Blick aufs Ganze entwickelt werden, hier müssen Neid, Gier, Fremdenhass, kurzsichtige Egozentrik und ähnliches geheilt werden. Der Übergang vom Einzelstaat zur Globalisierung ist ein kollektiver Entwicklungsschritt, der möglich, aber nicht einfach ist.

Es geht nicht mehr wie zuvor in der Demokratie und in der Marktwirtschaft um Konkurrenz, also ganz schlicht um Sieg oder Niederlage, sondern um Kooperation und um Frieden durch Konfliktlösung – und Konfliktlösung ist immer ein Evolutionsschritt.

Eine dauerhafte Vermeidung von Konflikten ist sehr wahrscheinlich unmöglich, aber ein neuer Umgang mit Konflikten ist sowohl möglich als auch notwendig – und er beginnt damit, dass man sich selber heilt und in sich selber die Fülle, die Kraft und die Selbstliebe wiederfindet.

<u>Bücher von Harry Eilenstein</u>

<u>Magie für Anfänger</u>
- Telepathie für Anfänger (60 S.)
- Telepathie für Fortgeschrittene (52 S.)
- Telekinese für Anfänger (52 S.)
- Analogien für Anfänger (56 S.)
- Omen und Orakel für Anfänger (52 S.)
- Lebenskraft für Anfänger (60 S.)
- Meditation für Anfänger (56 S.)
- Kundalini für Anfänger (100 S.)
- Hypnose für Anfänger (56 S.)
- Kampfmagie für Anfänger (172 S.)
- Auto-Movement für Anfänger (56 S.)
- Chakra-Magie für Anfänger (148 S.)
- Astralreisen für Anfänger (56 S.)
- Astrologie für Anfänger (120 S.)
- Astrologische Quadrate für Fortgeschrittene (72 S.)
- Partnerhoroskope für Anfänger (100 S.)
- Silberschnüre für Anfänger (52 S.)
- Zaubersprüche für Anfänger (60 S.)
- Ritual-Magie für Anfänger (56 S.)
- Mandalas für Anfänger (68 S.)
- Geldzauber für Anfänger (56 S.)
- Liebeszauber für Anfänger (52 S.)
- Invokationen für Anfänger (52 S.)
- Evokationen für Anfänger (60 S.)
- Geister für Anfänger (52 S.)
- Elfen für Anfänger (56 S.)
- Magie-Forschung für Anfänger (140 S.)
- Magie-Romantik für Anfänger (60 S.)
- Selbsterkenntnis für Anfänger (52 S.)
- Einweihungen für Anfänger (60 S.)
- Drogen-Kabbala für Anfänger (216 S.)
- Zahlensymbolik für Anfänger (60 S.)
- Die Sprache des Mondes – für Anfänger (116 S.)
- Zaubergesänge für Anfänger (100 S.)
- Zukunftschau für Anfänger (60 S.)
- Schamanismus für Anfänger (52 S.)
- Schwitzhütten für Anfänger (52 S.)
- Magische Gegenstände für Anfänger (68 S.)
- Übertragungen für Anfänger (68 S.)
- Zaubertränke für Anfänger (64 S.)
- Magie-Gesten für Anfänger (252 S.)
- Da'ath-Magie für Anfänger (64 S.)
- Magie-Heilungen für Anfänger (68 S.)
- Kornkreise für Anfänger (348 S.)
- Feng Shui für Anfänger (96 S.)
- Tao für Anfänger (112 S.)
- Magie für Anfänger – Sammelband   I (696 S.)
- Magie für Anfänger – Sammelband II (664 S.)
- Magie für Anfänger – Sammelband III (580 S.)
- Magie für Anfänger – Sammelband IV (700 S.)
- Magie für Anfänger – Sammelband   V (676 S.)
- Magie für Anfänger – Sammelband VI (640 S.)

<u>Magie</u>
- Handbuch für Zauberlehrlinge (408 S.)
- Wie man das Pentagramm-Ritual zum Leben
  erweckt (308 S.)
- Tarot (104 S.)
- Physik und Magie (184 S.)
- Die Synthese von Physik und Magie (200S.)
- Die Magie-Formel (156 S.)
- Schwarze Löcher in der Magie (56 S.)
- Krafttiere – Tiergöttinnen – Tiertänze (112 S.)
- Schwitzhütten (524 S.)
- Mythen und Magie der Harfe (116 S.)
- Drei Adeptus Major Rituale (192 S.)
- Drei Adeptus Exemptus Rituale (120 S.)
- Zwei Infans Abyssi Rituale (128 S.)

<u>Traumreisen</u>
- Traumreisen zu Heilpflanzen (700 S.)
- Traumreisen zum kabbalistischen Lebensbaum (132 S.)

<u>Meditation</u>
- Der Lebenskraftkörper (230 S.)
- Die Chakren (100 S.)
- Das Chakren-System mit den Nebenchakren (296 S.)
- Organe und Chakren (64 S.)
- Die platonischen Körper in den Chakren (156 S.)
- Meditation (140 S.)
- Drachenfeuer (124 S.)
- Kundalini I (676 S.)
- Kundalini II (672 S.)
- Reinkarnation (156 S.)
- einsgerichtet (140 S.)

<u>Astrologie</u>
- Astrologie (496 S.)
- Photo-Astrologie (428 S.)
- Die astrologischen Aspekte (88 S.)
- Horoskop und Seele (120 S.)

<u>Kabbala</u>
- Kursus der praktischen Kabbala (150 S.)
- Eltern der Erde (450 S.)
- Blüten des Lebensbaumes:
    1. Die Struktur des kabbalistischen
       Lebensbaumes (370 S.)
    2. Der kabbalistische Lebensbaum als
       Forschungshilfsmittel (580 S.)
    3. Der kabbalistische Lebensbaum als
       spirituelle Landkarte (520 S.)
- Logik und Wirkung der Analogie (700 S.)

<u>Eilenstein, Frater V.D., Knecht, Büdenbender</u>
- Magie heute – Berichte aus der Praxis (288 S.)

<u>Büdenbender, Eilenstein</u>
- Chaos, Alk und Magic (436 S.)

<u>**Germanen**</u>

1. Die Entwicklung der germanischen Religion (556S.)
2. Lexikon der germanischen Religion (576S.)
3. Der ursprüngliche Göttervater Tyr (584S.)
4. Tyr in der Unterwelt: der Schmied Wieland (228S.)
5. Tyr in der Unterwelt: der Riesenkönig 1 (448S.)
6. Tyr in der Unterwelt: der Riesenkönig 2 (452S.)
7. Tyr in der Unterwelt: der Zwergenkönig (304S.)
8. Der Himmelswächter Heimdall (140S.)
9. Der Sommergott Baldur (228S.)
10. Der Meeresgott: Ägir, Hler und Njörd (176S.)
11. Der Eibengott Ullr (148S.)
12. Die Zwillingsgötter Alcis (292S.)
13. Der neue Göttervater Odin 1 (672S.)
14. Der neue Göttervater Odin 2 (160S.)
15. Der Fruchtbarkeitsgott Freyr (320S.)
16. Der Chaos-Gott Loki (608S.)
17. Der Donnergott Thor (600S.)
18. Der Priestergott Hönir (76S.)
19. Die Göttersöhne (204S.)
20. Die unbekannteren Götter (248S.)
21. Die Göttermutter Frigg (220S.)
22. Die Liebesgöttin: Freya und Menglöd (424S.)
23. Die Erdgöttinnen (212S.)
24. Die Korngöttin Sif (104S.)
25. Die Apfel-Göttin Idun (144S.)
26. Die Hügelgrab-Jenseitsgöttin Hel (288S.)
27. Die Meeres-Jenseitsgöttin Ran (112S.)
28. Die unbekannteren Jenseitsgöttinnen (384S.)
29. Die unbekannteren Göttinnen (308S.)
30. Die Nornen (328S.)
31. Die Walküren (636S.)
32. Die Zwerge (424S.)
33. Der Urriese Ymir (220S.)
34. Die Riesen (384S.)
35. Die Riesinnen (368S.)
36. Mythologische Wesen (280S.)
37. Mythologische Priester und Priesterinnen (220S.)
38. Sigurd/Siegfried (672S.)
39. Helden und Göttersöhne (628S.)
40. Die Symbolik der Vögel und Insekten (496S.)
41. Die Symbolik der Schlangen, Drachen und Ungeheuer (616S.)
42.a Die Symbolik der Herdentiere 1 (448S.)
42.b Die Symbolik der Herdentiere 2 (304S.)
43. Die Symbolik der Raubtiere (372S.)
44. Die Symbolik der Wassertiere und sonstigen Tiere (164S.)
45. Die Symbolik der Pflanzen (192S.)
46. Die Symbolik der Farben (124S.)
47. Die Symbolik der Zahlen (640S.)
48. Die Symbolik von Sonne, Mond und Sternen (596S.)
49.a Das Jenseits 1 – Das Hügelgrab (428S.)
49.b Das Jenseits 2 – Der Jenseitsweg (484S.)
50. Astralreise, Seelenvogel, Utiseta und Einweihung (420S.)
51. Wiederzeugung und Wiedergeburt (476S.)
52. Elemente der Kosmologie (412S.)
53. Der Weltenbaum (324S.)
54. Die Symbolik der Himmelsrichtungen und der Jahreszeiten (276S.)
55.a Mythologische Motive 1 – Aufbau (492S.)
55.b Mythologische Motive 2 – Vorgänge (480S.)
56. Der Tempel (397S.)
57. Die Einrichtung des Tempels (696S.)
58. Priesterin – Seherin – Zauberin – Hexe (428S.)
59. Priester – Seher – Zauberer (300S.)
60. Rituelle Kleidung und Schmuck (140S.)
61. Skalden und Skaldinnen (92S.)
62. Kriegerinnen und Ekstase-Krieger (224S.)
63. Die Symbolik der Körperteile (340S.)
64.a Magie und Ritual 1 – Magie (608S.)
64.b Magie und Ritual 2 – Kult (592S.)
64.c Magie und Ritual 3 – Heilung (192S.)
65. Gestaltwandler (316S.)
66.a Magische Angriffs-Waffen (660S.)
66.b Magische Verteidigungs-Waffen (328S.)
67. Magische Werkzeuge und Gegenstände (348S.)
68. Zaubersprüche (340S.)
69. Göttermet (416S.)
70. Zaubertränke (72S.)
71. Träume, Omen und Orakel (284S.)
72. Runen (252S.)
73. Sozial-religiöse Rituale (328S.)
74. Weisheiten und Sprichworte (540S.)
75. Kenningar (664S.)
76. Rätsel (160S.)
77. Die vollständige Edda des Snorri Sturluson (512S.)
78. Frühe Skaldenlieder (224S.)
79.a Mythologische Sagas 1 (488S.)
79.b Mythologische Sagas 2 (372S.)
80. Hymnen an die germanischen Götter (684S.)

<u>**nicht Teil der Germanen-Reihe:**</u>
- Odin (300 S.)

<u>**Kelten**</u>
- Cernunnos (690 S.)
- Taliesin (228 S.)
- Der Kessel von Gundestrup (220 S.)
- Der Chiemsee-Kessel (76)

<u>**Inder**</u>
- Dakini (80 S.)
- Vajra (76 S.)

<u>**Griechen**</u>
- Pan (336 S.)
- Poseidon (668 S.)

45

<u>Religion allgemein</u>
- Die sieben Schritte des Lebens (428 S.)
- Muttergöttin und Schamanen (168 S.)
- Totempfähle (440 S.)
- Der Urriese (168 S.)

<u>Jungsteinzeit</u>
- Göbekli Tepe (472 S.)
- Die Göttin von Göbekli Tepe (144 S.)
- Die Rituale von Göbekli Tepe (112 S.)

<u>Ägypten</u>
- Hathor und Re 1: Götter und Mythen im
  im Alten Ägypten (432 S.)
- Hathor und Re 2: Die altägyptische Religion
  – Ursprünge, Kult und Magie (396 S.)
- Isis (508 S.)
- Ma'at (200 S.)

<u>Indogermanen</u>
- Die Entwicklung der indogermanischen
  Religionen (700 S.)
- Wurzeln und Zweige der indogermanischen
  Religion (224 S.)

<u>Christentum</u>
- Christus (60 S.)
- Die Biographie des Teufels (144 S.)
- Die Magie der Propheten Elias und Elisa (96 S.)

<u>Psychologie</u>
- Über die Freude (100 S.)
- Das Geheimnis des inneren Friedens (252 S.)
- Das Beziehungsmandala (52 S.)
- Gefühle und ihre Verwandlungen (404 S.)
- einsgerichtet (140 S.)
- Liebe und Eigenständigkeit (216 S.)
- Von innerer Fülle zu äußerem Gedeihen (52 S.)
- Kreative Hochzeits-Rituale (56 S.)

<u>Heilung</u>
- Die Symbolik der Krankheiten (76 S.)

<u>Kunst</u>
- Herz des Tanzes – Tanz des Herzens (160 S.)
- Die Wurzeln der Kunst (60 S.)
- Wege zur Musik-Improvisation (32 S.)

<u>Drama</u>
- König Athelstan (104 S.)

<u>Roman</u>
- Maran der Schamane (548 S.)
- Maran der Zauberlehrling (676 S.)
- Maran der Harfner (700 S.)
- Maran der Krieger (700 S.)
- Maran der Magier (900 S.)
- Maran der Weise (900 S.)

<u>Entwürfe für die Zukunft</u>
1. Die 12 Stile des Tierkreises (164 S.)
2. Die 12 Gedanken zur Energie (108 S.)
3. Die 12 Phänomene der Schwingungen (60 S.)
4. Die 12 Qualitäten des Wassers (92 S.)
5. Die 12 Fundamente des Wohnens (96 S.)
6. Die 12 Grundprinzipien einer umfassenden
   Gesundheit (32 S.)
7. Die 12 Zonen des menschlichen Körpers (80 S.)
8. Die 12 Zutaten der Ernährung (60 S.)
9. Die 12 Flüge der Bienen (148 S.)
10. Die 12 Sichtweisen auf Genußmittel und Drogen (96 S.)
11. Die 12 Möglichkeiten der ganzheitlichen Medizin (92 S.)
12. Die 12 Ansichten über das Impfen (36 S.)
13. Die 12 Leitlinien der Erziehung (44 S.)
14. Die 12 Richtungen des Denkens (84 S.)
15. Die 12 Arten des Lernens (56 S.)
16. Die 12 Seiten einer umfassenden Bildung (36 S.)
17. Die 12 Ansätze zu effektivem Handeln (76 S.)
18. Die 12 Konzepte der Arbeit (48 S.)
19. Die 12 Arten der neuen Technologien (36 S.)
20. Die 12 Betrachtungsweisen der künstlichen
    Intelligenz (48 S.)
21. Die 12 Eigenheiten des Geldes (40 S.)
22. Die 12 Funktionen der Steuern (56 S.)
23. Die 12 Betrachtungsweisen der Sozialberufe (60 S.)
24. Die 12 Strategien der Macht (64 S.)
25. Die 12 Anforderungen an ein neues Wertesystem (48 S.)
26. Die 12 Bausteine einer neuen Gesellschaftsform (52 S.)
27. Die 12 Tore zur Sophikratie (80 S.)
28. Die 12 Pfade zum Frieden (48 S.)
29. Die 12 Säulen des Naturrechts (56 S.)
30. Die 12 Grundlagen der Beziehungen (52 S.)
31. Die 12 Spielfelder des Fußballs (108 S.)
32. Die 12 Wege der Kunst (60 S.)
33. Die 12 Wurzeln eines erfüllten Lebens (44 S.)
34. Die 12 Bereiche des Bewußtseins (56 S.)
35. Die 12 Tempel der Religionen (84 S.)
36. Die 12 Aspekte eines einheitlichen
    spirituell-physikalischen Weltbildes (72 S.)
37. Die 12 Dynamiken der Verwandlung (44 S.)
- Sammelband 1 „Natur" (492 S.)
- Sammelband 2 „Gesundheit" (512 S.)
- Sammelband 3 „Bildung" (524 S.)
- Sammelband 4 „Gesellschaft" (416 S.)
- Sammelband 5 „Psyche" (380 S.)

die „Anfänger"-Reihe
- The Synthesis of Physics and Magic (192 p.)
- Telepathy for Beginners (60 p.)
- Telepathy for Advanced Learners (52 p.)
- Telekinesis for Beginners (56 p.)
- Life Force for Beginners (76 p.)
- Kundalini for Beginners (104 p.)
- Astral Projection for Beginners (60 p.)
- Meditation for Beginners (60 p.)
- Prophecy for Beginners (60 p.)
- Ritual Magic for Beginners (64 p.)
- Magic Chant for Beginners (108 p.)
- Invocations for Beginners (52 p.)
- Evocations for Beginners (62 p.)
- Auto-Movement for Beginners (60 p.)
- Elves for Beginners (56 p.)
- Hypnosis for Beginners (56 p.)
- Love Magic for Beginners (52 p.)
- Money Magic for Beginners (60 p.)
- Magic Objects for Beginners (64 p.)
- Shamanism for Beginners (52 p.)
- Chakra-Magic for Beginners (148 p.)
- Language of the Moon – for Beginners (128 p.)
- Self Knowledge for Beginners (60 p.)
- Da'ath-Magic for Beginners (64 p.)
- Astrology for Beginners (112 p.)
- Number Symbolism for Beginners (64 p.)
- Mandalas for Beginners (76 p.)
- Crop Circles for Beginners (344 p.)
- Feng Shui for Beginners (96 p.)
- Magic Research for Beginners (140 p.)
- Magic for Beginners – Anthology I (636 p.)
- Magic for Beginners – Anthology II (616 p.)
- Magic for Beginners – Anthology III (684 p.)
- Magic for Beginners – Anthology IV (580 p.)

Eilenstein, Frater V.D., Knecht, Büdenbender
- Living Magic (261 S.) (= „Magie heute")

sonstige englische Ausgaben
- The Biography of the Devil (140 S.)
- The Synthesis of Physics and Magic (192 S.)
- The Chakra-System with the Minor Chakras (304 S.)